AF596476

GRETNA-GREEN

BALLET-PANTOMIME EN UN ACTE

DE

MM. CHARLES NUITTER ET LOUIS MERANTE

MUSIQUE DE M. E. GUIRAUD

Représenté pour la première fois, le 28 Avril 1873,
sur le théâtre national de l'Opéra.

PRIX : 1 FRANC

PARIS

Mme Vve JONAS

Libraire de l'Académie nationale de musique, 4, rue Mandar

MAISON G. FLAXLAND

DURAND, SCHŒNEWERK ET Cie

Successeurs

4, PLACE DE LA MADELEINE, 4

1873

PERSONNAGES

TOBY, forgeron de Gretna-Green.......	M. BERTHIER.
PRETTY, sa fille....................	Mlle BEAUGRAND.
WILLIAMS, amant de Pretty..........	Mlle E. FIOCRE.
MISS ANGELICA, } fiancés..........	Mlle BOURGOING
SIR EDWARDS, } fiancés	M. RÉMOND.
JENNY, } fiancés...............	Mlle PALLIER.
JACKSON, } fiancés	Mlle SANLAVILLE.
LE DUC, père de sir Edwards...... ..	M. PLUQUE.
TOM, aubergiste....................	M. CORNET.
MARY, sa servante.........	Mme ALINE.
BOB, forgeron.....................	M. GANFORINO.
LE DOMESTIQUE DE SIR EDWARDS.......	M. F. MÉRANTE.
LE DOMESTIQUE DU DUC..........	M. PONÇOT.
UN POSTILLON..........	M. MONFALLET.
UN FORGERON..	M. GUILLEMOT.

DÉCORATION

DE

MM. RUBÉ ET CHAPERON.

INTRODUCTION ET SCÈNE DU MARCHÉ

4 Marchands de poisson..	MM.	DIEUL, VASQUEZ. DIANY, GABIOT.
4 Marchandes de fleurs..	Mlles	STILB, BERNAY. ESSELIN, ROY.
4 Marchandes de fruits..	Mlles	BOURNIER, STILB 2. PUJOL, GRANGÉ.
2 Marchands, enfants....	MM.	STILB 1, VASQUEZ.
1 Gipsy..............	Mme	LETELLIER.
1 Mendiant...........	M.	HOQUANTE.
3 Enfants............	Mlles	PRINCE, KELLER. MARCHISIO 2.
8 Marchands, comparses.		
12 Acheteurs, comparses.		
4 Marchandes, figurantes.	Mmes	MEURANT, LEFEVRE. LEBRETON, MICHAUX.
4 Acheteuses, figurantes..	Mmes	GUÉROULT, GABRIELLE. GABOT, MALGORNE.
4 Joueurs de cornemuse..	MM.	BERGER, MARIUS. STILB 2, BOURNIER.

CORTÉGES DE NOCES

MM.	Mlles	Mlles	MM.
BERTRAND.	LEROY.	LARIEU.	JULES.
BARBIER.	HANGÉ.	LASSELIN.	LEROY.
MEUNIER.	RIDEL.	JOUSSET.	GALLAND.
PERROT.	DESORMES.	MONCHANIN.	BAPTISTE.
MICHAUX.	BIOT.	HIRSCH.	VANDRIS.
POLLIN.	GUILLERME.	BECHADE.	BUSSY.

6 Lords.	MM.	HOQUANTE, PORCHERON, DIEUL, VASQUEZ, DIANY, GABIOT.
6 Piqueurs.		
3 Servantes.	Mmes	BERTRAND, LALLEMAND, MARÉCHAL.

DIVERTISSEMENT

Pas de trois.

Mlles PARENT, FATOU, VITCOQ.

Pas d'Action.

Mlle BEAUGRAND, M. L. MÉRANTE.

Mlles SANLAVILLE, PALLIER, VALAIN, RIBET.

Mlles LEROY, LARIEU, HANGÉ, LASSELIN, RIDEL, JOUSSET, DESORMES, MONCHANIN, BIOT, HIRSCH, GUILLERME, BÉCHADE.

MM. BERTRAND, JULES, BARBIER, LEROY, MEUNIER, GALLAND, PERROT, BAPTISTE, MICHAUX, VANDRIS, POLLIN, BUSSY.

COLIN-MAILLARD

M. BERTHIER.

MMlles SANLAVILLE, PALLIER, VALAIN, RIBET.

CLANS

—

Mlle MONTAUBRY.

Mlles ROY, ESSELIN, PUJOL, TRAVERS, ROCH, MÉNETRET, GABOT, BOURGOIN.

Mlle PIRON.

Mlles VUTHIER, BOULARD, CARTINAUX, ACCOLAS, FLECHELLE, PAMELAR, BESNAY, KAHN.

Mlle STOIKOFF.

Mlles BOURNIER, STILB 1, DIEUDONNÉ, GRANGÉ, SIMON, VOTHIER, ELLUIN, LEVY.

Mlle INVERNIZZI.

Mlles STILB, HANIN, COQUELLE, FIOCRE, MOISE 1, MOISE 2, DESVIGNES, JOURDAIN.

GIGUE

—

Mlle BEAUGRAND, M. L. MÉRANTE.

Mlles MONTAUBRY, SANLAVILLE.

Mlles VUTHIER, MÉQUIGNON, BOULARD, BOURNIER, HIRSCH, STILB 1, FLÉCHELLE, RIDEL, PAMELARD, SIMON, LARIEUX, VOTHIER.

Mlles INVERNIZZI, LAMY.

Mlles MOISE 1, LEROY, MOISE 2, MENETRET, DESORMES, ROCH, HANIN, BIOT, STILB 2, ESSELIN, DUCOSSON, ROY.

Mlles STOIKOFF, VALAIN.

Mlles LEVY, HANGÉ, ELLUIN, KAHN, MONCHANIN, BERNAY, GRANGÉ, GUILLERME, DIEUDONNÉ, ACCOLAS, QUENIN, CARTEAUX.

Mlles PIRON, PALLIER.

Mlles JOURDAIN, LASSELIN, DESVIGNES, BOURGOIN, JOUSSET, GABOT, FIOCRE, BECHADE, COQUELLE, TRAVERS, CHISLARD, PUJOL.

« ... On arrive ainsi à Gretna-Green. Les maisons, » cachées au sein d'un verger, sont comme vouées au » mystère. Dans le nombre une seule, plus apparente, » donne sur la pelouse du hameau....sa principale destination est de servir de refuge aux amants malheureux. » ...... Il faut que la fiancée arrive la première. Loin » qu'elle ait à se défendre, mollement si l'on veut, contre » une douce violence, sa bonne volonté doit se manifester » par la liberté dont elle jouit, et l'empressement qu'elle » témoigne. C'est elle qui demande et veut qu'on la » marie. »

(*Itinéraire et souvenirs d'Angleterre et d'Écosse*, par le baron Ducos, ancien ministre de France.) — Paris 1834. — Tome IV, page 29.

GRETNA-GREEN

(Une riante campagne à l'entrée de Gretna-Green; d'un côté l'auberge de Tom avec son enseigne : UNION HOTEL; de l'autre, la maison et l'atelier du forgeron de Gretna-Green.)

Tableau animé; des marchands et des marchandes de toute sorte encombrent la place, offrant leur marchandise aux passants. Les coups de marteau des forgerons retentissent sur l'enclume, le feu de la forge étincelle, chacun s'agite et travaille; tout est plein de bruit et de mouvement.

Tom, l'aubergiste, accompagné de sa vieille servante Mary, sort pour faire ses emplettes. Des bouquetières présentent leurs fleurs à Tom et à Mary, qui n'en ont que faire; des marchands de poisson offrent leur marchandise; on discute les prix, on ne s'entend pas; des marchands de légumes arrivent à leur tour; Tom et Mary, sollicités de tous côtés, ne savent où donner de la tête. Au milieu de tout ce bruit, on entend des joueurs de cornemuse. Des mariés passent, accompagnés du cortége de leurs parents et de leurs amis; ils traversent gaiement la place. Les forgerons, qui avaient iuterrompu un moment leur travail pour se reposer, le reprennent avec plus d'ardeur que jamais. Les marchands recommencent à importuner les acheteurs. Enfin la foule se disperse et s'éloigne peu à peu.

Mary, qui allait rentrer à l'auberge, s'arrête, écoutant le bruit d'une chanson. Elle regarde, c'est Williams qui arrive, le fusil sur l'épaule, la carnassière au côté. Williams se dirige d'abord vers la maison de Toby le forgeron; il semble chercher quelqu'un. Mary qui l'observait lui dit en riant qu'elle sait bien ce qui l'attire : il aime Pretty la fille du forgeron. Williams s'en défend et prétend qu'il ne songe qu'à la chasse, et qu'il n'aime personne. Mary s'éloigne sans être convaincue.

Williams, resté seul, cherche Pretty; où peut-elle être? Tout à coup il l'aperçoit qui vient. Il se cache derrière un arbre et guette l'arrivée de la jeune fille.

Pretty paraît. Elle suit le sentier qui descend de la colline et cueille des fleurs en chemin. Elle en laisse tomber quelques-unes, puis les ramasse et en forme un bouquet. Williams, qui s'est approché sans être vu, s'empare d'une fleur oubliée par Pretty et se cache de nouveau.

Pretty s'aperçoit qu'il lui manque une de ses fleurs; elle la cherche, et, en voyant Williams, elle devine qui la lui a dérobée. Elle lui permet de la garder et lui demande d'où il vient.

Williams répond qu'il revient de la chasse. Il va prendre dans sa carnassière une alouette qu'il offre à Pretty. La jeune fille fait un geste de compassion et détourne la tête. Williams lui demande d'où vient sa tristesse! Je songe, dit-elle, à ce petit oiseau qui, naguère encore, était plein de vie et de gaieté! Ce matin il s'est réveillé dans le sillon; il essayait ses ailes, il voltigeait de tous côtés, sans se méfier du danger. Tout à coup, il entend le chasseur qui approche, il veut fuir, un coup de feu retentit, l'oiseau est blessé, il se débat, il expire! — Voilà à quoi je pensais et ce qui m'a attristée tout à l'heure. — Williams dit à Pretty de chasser de pareilles idées. Il va chercher dans sa carnassière de belles plumes de faisan qu'il présente à la jeune fille comme une parure. Elle les admire, essaie d'en orner sa coiffure, puis finit par les attacher au béret de Williams.

Les deux amoureux resteraient volontiers longtemps à causer ensemble; mais Pretty entend du bruit; c'est son père, c'est Toby qui vient.

Devant lui il faut dissimuler! Williams se sauve. Pretty s'asseoit et, semblant uniquement occupée de ses fleurs, elle tresse vivement un bouquet.

Toby paraît.

Il est en costume de travail; il s'essuie le front, se verse un large verre de bière et le vide d'un trait. Pretty, comme si elle venait de l'apercevoir, court au-devant de lui. Il l'embrasse. Elle vient de faire sa moisson de fleurs. Elle les lui montre et les lui fait admirer.

A ce moment, Williams se présente. Il feint d'arriver pour la première fois. Il salue le forgeron, il s'incline respectueusement devant Pretty qui lui fait une belle révérence.

Williams offre un faisan à Toby. — Toby accepte et fouille dans sa poche pour payer le chasseur. — Non! ce n'est pas la peine! Williams, avec dignité, refuse de recevoir l'argent.

Pendant ce petit débat, Bob, un des ouvriers de Toby, accourt tout essoufflé. Il vient annoncer à son maître l'arrivée de deux jeunes gens. C'est lui qu'ils cherchent pour se marier.

— C'est bien! va et amène-les.

Bob remonte. Il fait signe aux jeunes gens de venir. — C'est par ici, approchez!

On voit paraître un jeune étudiant et une jeune

fille qui avancent timidement en se tenant par la main.

Jackson, le jeune étudiant, dit à Toby qu'il adore Jenny. — Elle n'a rien ; moi, dit-il, je suis riche et on me défend de l'épouser. Voilà pourquoi nous avons fui ensemble, et maintenant nous n'espérons plus qu'en vous.

— C'est bien, dit Toby, qui s'est revêtu de son plaid et de son habit de cérémonie. Il faut deux témoins, Bob et Williams en rempliront l'office.

Pretty s'efforce de rassurer Jenny qui est tremblante et qui regarde toujours si personne ne l'a suivie.

Toby, debout derrière son enclume et le marteau à la main, interroge gravement les jeunes gens.

Ils répondent qu'ils s'aiment. Ils jurent de s'aimer toujours.

— C'est bien, dit Toby à Jackson, mais voici quels sont les usages : ce n'est pas vous, c'est votre fiancée qui doit, la première, demander le mariage. Il faut qu'elle prouve ainsi que c'est bien librement et sans contrainte qu'elle veut vous être unie.

— Eh bien! parlez, dit Jackson à Jenny.

Jenny, intimidée, hésite d'abord, mais encouragée par Pretty, elle se décide. Elle s'avance près de Toby.

— J'aime Jackson, lui dit-elle. Je veux être sa femme.

— Vous l'entendez, dit Toby à ses témoins, elle

a déclaré qu'elle voulait être la femme de Jackson. Avancez maintenant, sir Jackson! Il faut qu'en présence des deux témoins et du forgeron, les deux époux échangent un baiser comme symbole de l'accomplissement de leur union.

Puisqu'il le faut, Jenny se soumet en rougissant. Jackson l'embrasse. Le coup de marteau retentit sur l'enclume. Les fiancés sont unis.

Toby fait constater aux témoins que tout s'est passé selon les coutumes écossaises. Il détache une grande planche où sont tracées à la craie des marques innombrables, en ajoute une nouvelle, et contemple avec fierté le nombre des heureux qu'il a faits.

Jackson et Jenny, au comble de la joie, remercient le forgeron, remercient les témoins et Pretty, puis Jackson s'apercevant qu'il a oublié de payer Toby, lui offre de l'argent. Le forgeron, en digne montagnard écossais, refuse d'abord avec de grands gestes de désintéressement, puis il finit par accepter la bourse qu'on lui tend.

Les fiancés, devenus époux, sont pressés de partir. Toby leur indique le chemin. Il dit à Bob de guider les voyageurs ; lui-même les accompagnera quelque temps.

Il sort avec eux.

Pendant toute cette scène, Williams et Pretty, contenus par la présence du forgeron, se sont fait cependant de muettes protestations d'amour et ont témoigné par leurs regards qu'eux aussi voudraient bien se marier ! Ils sont seuls maintenant. Personne ne les observe; ils peuvent, en liberté, se dire qu'ils s'aiment. Ils se rappellent la scène qui vient de se passer devant eux. Ils songent au bonheur de ces deux amants devenus époux. C'est là qu'on les a mariés. C'est ici, t'en souvient-il, qu'ils ont échangé un baiser.

— Non ! dit Pretty avec embarras, je ne l'ai pas remarqué !

— Oui ! mais je l'ai bien remarqué, moi ! Et moi aussi je veux un baiser !

Pretty refuse. Williams se met à bouder. Pretty alors, enlevant la fleur qu'elle a donnée à Williams, l'effleure de ses lèvres, puis, à la dérobée, elle tend la fleur à Williams qui l'embrasse à son tour.

— Mais ce n'est pas assez ! c'est un vrai baiser qu'il demande. Pretty cherche à lui échapper, il la poursuit, l'atteint et l'embrasse.

A ce moment, Toby revient. Il arrive juste à temps pour être témoin du baiser donné. Il frappe du pied, il est furieux ! les deux jeunes gens effrayés s'éloignent l'un de l'autre. Ils implorent leur pardon, ils s'efforcent de calmer Toby.

— Nous nous aimons, dit Williams, accordez-moi la main de Pretty.

— Sa main ! à toi qui n'as rien ! Toi ! épouser la

fille du riche forgeron de Gretna-Green! Et vous, Mademoiselle... vous aimez... vous songez au mariage, en vous cachant de moi, votre père!

— Tiens, dit Williams, et vous, ne vous ai-je pas vu à cette place unir des amoureux qui, eux aussi se cachaient!

— Silence! je suis le maître! Les autres... peu m'importe. Mais Pretty est ma fille et elle m'obéit. Allons, Mademoiselle, rentrez à la maison. Toi, va-t'en!

— Eh bien! dit Williams, je m'en vais, mais je reviendrai et je reverrai Pretty et je l'épouserai.

Et il se sauve en se moquant de Toby.

Toby est furieux. Il fait rentrer sa fille! Qu'est-ce encore? C'est Williams qui ose reparaître!

Williams revenait prendre son fusil et sa carnassière qu'il avait oubliés. Il s'éloigne en faisant à Toby un geste de défi.

Toby, dans sa fureur, boit de nouveau un grand verre de bière pour se calmer. Il va pour rentrer quand il entend le bruit d'une chaise de poste, les coups de fouet, le tintement des grelots. — Il écoute et attend.

La chaise de poste paraît au fond. Elle s'arrête près de l'auberge. Un valet de pied qui était derrière la chaise de poste descend. Il prend des ordres à la portière, et s'avance vers Toby lui demandant où est le forgeron de Gretna-Green.

— C'est moi, répond fièrement Toby.

Le domestique lui explique qu'il s'agit de marier deux fugitifs. Son maître est riche. Il paiera bien!

Pendant ce temps, sir Edward est descendu de la voiture. Il donne la main à Angelica qui descend à son tour. La jeune lady est impressionnable et nerveuse. Vite! une chaise! Mon mouchoir! Mon flacon! Et Edward s'empresse pour la satisfaire.

Toby s'avance pour faire son discours ordinaire aux fiancés.

Angelica l'interrompt. Quoi! dit-elle à Edward, c'est cet homme!... — Mais il ne m'a même pas été présenté!

—C'est juste! Sir Edward présente gravement à Angelica Toby, qui commence à s'impatienter de tant de cérémonies. — C'est lui! le forgeron de Gretna-Green, celui qui marie.

C'est bien! Angelica daigne l'entendre.

— Maintenant, dit Edward, je viens vous prier de consacrer notre union.

— Attendez, répond Toby. Il faut que la fiancée, la première, demande à être mariée.

— Moi, s'écrie Angelica! Moi, la première, vous demander en mariage! Elle rit aux éclats à cette seule pensée, puis sa fierté se révolte; elle s'indigne! — Êtes-vous fou, Monsieur, dit-elle à sir Edward, et avez-vous pu penser que je consentirais jamais...

Sir Edward s'efforce de la calmer. Il insiste vainement auprès de Toby, lui demandant de déroger pour cette fois à ses habitudes. Mais Toby est inflexible. C'est l'usage de Gretna-Green; il faut s'y conformer.

Angelica, de son côté ne veut faire aucune concession. Sa colère et son dépit ne font qu'augmenter. Edward ne sait quel parti prendre.

On entend des fanfares de chasse. Le domestique d'Edward lui annonce que son père, qui chassait dans la forêt, se dirige de ce côté. S'il apercevait Edward, tout serait perdu, Angelica serait compromise! Il faut se cacher! Tom et Mary, accourus au bruit des fanfares, offrent leurs services aux jeunes gens. Mary emmène Angelica, et Tom fait entrer Edward dans un cottage qui dépend de l'auberge. Personne ne le verra.

Les paysans reviennent. Le duc paraît au fond, à cheval, en habit de chasse; il est accompagné de ses amis, de piqueurs, de veneurs. On porte le renard au bout d'une pique.

Parmi les gens de la suite du duc, on reconnaît Williams, le fusil sur l'épaule. Pretty, présentée par son père, offre un bouquet au duc. Toby le complimente et le prie d'assister aux réjouissances qui vont avoir lieu en son honneur. Le duc répond qu'il y consent.

Pendant ce temps, un domestique de la suite du duc aperçoit, près de l'auberge, le valet de pied qui a accompagné Sir Edward. Il le reconnaît et soulève le manteau dont il est couvert. C'est la même livrée! Le valet d'Edward fait signe à son camarade de se taire. Il y a un mystère! le fils du duc est là, mais il n'en faut rien dire. Les deux valets s'éloignent en causant.

Le duc qui est entré à l'auberge avec ses amis reparaît bientôt sur la terrasse où le couvert a été dressé.

Les danses commencent. Williams voudrait inviter Pretty, mais Toby défend à sa fille de danser avec lui et Williams, dévorant son dépit, est obligé de voir un autre danseur donner la main à celle qu'il aime.

DIVERTISSEMENT.

Après les danses, Tom annonce que, par ordre du duc, tout le monde est invité à boire sous la tonnelle. On roule des tonneaux de bière; chacun suit l'aubergiste, après trois hurrahs poussés en l'honneur du duc.

Pendant que la foule s'éloigne, le domestique de sir Edward reparaît et observe. Quand il est certain qu'il n'y a plus personne et que le duc est rentré dans l'intérieur de l'auberge, il fait signe à son maître qui s'avance avec précaution, ramenant Angelica.

La querelle a continué, la rupture est achevée entre les deux fiancés; ils n'ont plus qu'un désir : se séparer sans que personne se doute de leur équipée.

Mais, nouvel obstacle! Le domestique de sir Edward vient annoncer que le postillon, au milieu de la fête, s'est complétement grisé. On le voit qui passe en chancelant. Il est hors d'état de conduire. D'ailleurs, les serviteurs du duc, répandus de tous côtés, ne peuvent manquer de reconnaître sir Edward s'ils l'aperçoivent. Son brillant uniforme le fera remarquer. Par quel moyen partir sans être découvert?

Depuis un instant, Williams qui cherche toujours à revoir Pretty, est revenu, observant ce qui se passe dans la maison du forgeron. Il a entendu les derniers mots des jeunes gens. Témoin de leur embarras, il a une idée, et leur propose à tous deux de se déguiser. Il leur fournira des habits de paysans, grâce auxquels ils pourront s'éloigner sans être remarqués.

Angelica consent à tout pour sortir d'embarras. Williams appelle Pretty et lui explique de quoi il s'agit. Pretty conduit Angelica chez elle. Williams emmène de l'autre côté Edward, suivi de son domestique. Ils se hâtent, car on vient.

Ce sont les amies de Pretty qui viennent la chercher. Comment n'est-elle pas venue les rejoindre ? Elles frappent à la porte de la maison, elle appellent Pretty ; mais celle-ci n'a garde de répondre. Les jeunes filles vont s'éloigner, quand elles rencontrent Toby, qui revient égayé par de nombreuses libations.

Il trouve les jeunes filles charmantes. Il veut les embrasser. Les jeunes filles se moquent du vieux forgeron ; puis, voulant se divertir à ses dépens, elles finissent par lui dire qu'on lui accordera la faveur qu'il demande ; mais, pour cela, il faut que, les yeux bandés, il parvienne à saisir l'une d'elles.

Toby y consent. Le *Colin Maillard* commence ; le forgeron court de tous côtés sans attraper personne ; on le lutine, on se moque de lui, en lui échappant toujours. Il finit cependant par saisir une jupe et par embrasser quelqu'un qui se débat. C'est la vieille Mary qui passait. Au moment où Toby, ravi, ôte son bandeau, elle lui répond par un soufflet. Les jeunes filles se sauvent en riant. Mary rentre à l'auberge. Toby, resté seul, veut boire encore un petit coup pour se consoler de sa mésaventure. Il retourne à son pot de bière ; mais le pot est vide ! Plus rien !... Il s'asseoit tristement et ne tarde pas à s'endormir, appuyé sur la table.

Williams revient, accompagnant sir Edward. Ils ont échangé leurs costumes. Ils aperçoivent Toby, mais il dort; il n'y a pas de danger. Williams va frapper doucement à la porte de Pretty. La jeune fille paraît. Elle a mis la belle robe d'Angelica et celle-ci revient, vêtue en simple paysanne. Mary, que l'on a prévenue, accompagnera la jeune femme ainsi déguisée. Sir Edward fait un profond salut à celle qui devait être sa femme et part de l'autre côté.

Toby se réveille. Il aperçoit Williams et Pretty sous les habits de sir Edward et d'Angelica. La tête un peu échauffée par l'ale et le gin, il ne conçoit aucun soupçon. Williams met son chapeau sur l'oreille. Pretty se cache derrière son éventail.

Le forgeron demande aux deux jeunes gens s'ils sont d'accord.

— Absolument.

— Ce n'est pas malheureux.

Toby va appeler deux témoins pour procéder au mariage.

Pendant ce temps, Williams et Pretty se préparent à bien jouer leur rôle.

Pretty s'embarrasse dans la grande robe. Comment faire? Cette belle dame était plus grande qu'elle! Il lui vient une idée; elle se redresse sur les pointes, et, jouant de l'éventail, elle se promène en se donnant de grands airs et en imitant les manières d'Angelica.

Toby revient ramenant ses témoins. Il se place devant son enclume de façon que les jeunes gens lui tournent presque le dos.

Il recommence à leur poser les questions consacrées. La jeune femme, sans se faire prier, demande à être unie à son fiancé.

— C'est bien! Mais il faut encore...

— Le baiser? Oui! Je sais, et les deux fiancés échangent un baiser en présence du forgeron qui lève son marteau et frappe un grand coup sur l'enclume.

Au même moment le duc vient de sortir de l'auberge, ramené par son domestique qui lui montre les deux amoureux.

Mais le coup de marteau vient de retentir. Le duc est furieux! Il croit arriver trop tard. Il prend rudement Toby par le bras. Il le menace. Quoi! C'est ainsi qu'il se permet de marier des fugitifs!

C'est l'usage de Gretna-Green, dit Toby.

Parmi les paysans qui sont revenus peu à peu, attirés par le bruit, tout le monde le proclame : c'est l'usage de Gretna-Green.

Le duc alors se tourne vers celui qu'il croit son fils, mais au moment où il le regarde en face, il s'arrête stupéfait.

Tom qui regardait curieusement se met à rire.

Cette gaieté se communique, et Toby rit aussi jusqu'au moment où on lui présente Williams.

Il le reconnaît. Quoi! C'était ce drôle sous cet habit!.. Mais alors... la jeune fille...

Pretty, se cachant encore un peu sous son éventail, s'avance vers son père :

Ma fille! C'est elle qu'il a épousée!.. s'écrie Toby furieux.

Mais tout le monde se moque de lui et répète :

— C'est l'usage de Gretna-Green!

Toby enrage.

Mary qui est revenue dit tout bas à Williams que les fugitifs sont en sûreté. — Silence! Que le duc ignore tout!

Le duc en effet, ne se doute de rien, et heureux d'en être quitte pour la peur, il déclare doter Pretty.

Cette générosité console un peu Toby.

On fête le duc, on fête les nouveaux époux, les danses recommencent et les montagnards, dans leur costume national, armés de la claymore et du bouclier, mêlent, en l'honneur de leur seigneur, leurs manœuvres guerrières à la gigue nationale.

588. Paris. — Typ. Morris père et fils, rue Amelot, 64.

www.ingramcontent.com/pod-product-compliance
Lightning Source LLC
LaVergne TN
LVHW052024160826
845678LV00003B/1189

* 9 7 8 2 3 2 9 6 3 8 7 5 1 *